# BIBLIOTHÈQUE

## MORALE

---

# Les Armées d'Orient

---

## II

---

CAMBRAI. IMPRIMERIE DE SIMON

# BIBLIOTHÈQUE MORALE.

# BIBLIOTHÈQUE

## MORALE

### EXTRAITE DES ANNALES DU BIEN

PUBLIÉES PAR

M. J. DELVINCOURT

LES ARMÉES D'ORIENT.

II.

CAMBRAI

Simon, Imprimeur-Éditeur

1855
1856

# LES ARMÉES D'ORIENT.

## GAITÉ DU SOLDAT FRANÇAIS.

Rien n'altère la bonne humeur du soldat et n'étonne son intrépidité. « Dans la nuit du 20 au 21, écrit-on, une centaine de Moscovites, conduits par un officier de marine (Russe de contrebande, par parenthèse Marseillais au service de la Russie), se présentent entre deux batteries en criant : *English !* *English !* ne tirez pas !

« La garde de tranchée était couchée, chacun sur son fusil, causant, fumant, rêvant ou dormant. Les canonniers, en manches de chemise et bras nus, travaillaient la pelle à la main.

» — Jé fois un qui commence à taber sur mon opusier, me disais un canonnier alsacien après l'affaire. — Jé lui tis : Tistonc, toi, feux-tu laisser mon opusier tout de suite ! Et comme il tabait toujours, jé ai écoufillonné lui avec la payonnette té mon mousqueton... Ah ! ma capitaine, y voulait casser mon opusier !... Ah ! mais...

» Les canonniers tombèrent sur les indiscrets visiteurs, et vigoureusement, à coups de pelle ou de refouloir. Puis la garde survint la baïonnette en avant, et mes Russes décampèrent, laissant sur le carreau l'officier traître avec dix de ses hommes. »

— Des soldats causaient dans la tranchée ; l'un d'eux disait qu'il se moquait des canons russes et qu'il irait bien leur rire au nez. Un officier supérieur entend cette bravade, et prend au mot mon gaillard : « Est-ce vrai ce que tu dis là ? Tu irais par exemple compter les canons de tel fort ? — Oui, commandant. — Eh bien, va et tu m'en rendras compte, je t'attends. Et l'autre de se diriger vers le fort indiqué ; il compte tranquillement les canons au nombre de 54 et revient sans avoir été touché. C'est là de la bravoure, plus que de la bravoure même, et qui ressemble à la témérité. Le noble mépris du danger ne doit pas aller jusqu'à faire, sans but utile, comme un jeu de la vie.

## LE PALETOT BLANC.

Voici une autre anecdote que nous enregistrons sous bénéfice d'inventaire, car, bien que citée dans un journal grave, elle nous paraît quelque peu fantastique. « On a réuni en deux compagnies franches les meilleurs tireurs des corps munis d'armes de précision, chasseurs et zouaves, et l'adresse de ces hommes d'élite fait souvent taire le feu des batteries russes. Cependant ils en sont encore, comme ils disent, à décrocher le *Monsieur* au *paletot blanc*.

— Voici ce que c'est que ce Monsieur : c'est un amateur, un ancien militaire sans doute, qui, tous les jours, à des heures indéterminées, s'avance près de l'enceinte avec une pièce de canon tirée à bras, la fait placer en batterie par ses gens et se donne le plaisir d'y mettre lui-même le feu. Il plante ordinairement sa tente non loin de sa pièce,

et, après chaque coup, il rentre dix mi-
nutes dans sa tente, probablement pour fu-
mer un cigare ou prendre un rafraîchisse-
ment; la pièce rechargée, il sort, on sait
pourquoi. Ce manége dure une heure ou
deux et se renouvelle tous les jours. Il
n'est pas de plaisanteries que nos francs
tireurs ne fassent sur ce paletot blanc. Il
paraît que le personnage possède un nom-
breux domestique, car on lui a déjà tué une
cinquantaine de servants, et il en présente
toujours de nouveaux. Les zouaves préten-
dent que le plus grand nombre de ces servants sont des mannequins que le Monsieur fait tomber avec une ficelle quand
eux-mêmes tirent. Maison le *pincera.* »

« *Post-Scriptum.* — Il est *pincé,* dit-on;
paletot à vendre ! »

## LA VAISSELLE RUSSE.

Deux chasseurs déjeunent ; un fort russe tire, une bombe arrive et éclate à quelques mètres, en lançant de leur côté des fragments semi-circulaires assez gros. « Bravo ! disent les convives, v'là de la vaisselle. » Et depuis ce moment chacun d'eux déjeune dans cette étrange assiette.

L'ennemi a établi des portières intérieures qui ferment l'embrasure après chaque coup de canon tiré, ce qui permet aux artilleurs de charger leurs pièces sans craindre les balles de nos soldats. Mais nos gaillards ont su tirer avantage de cette précaution de l'ennemi. Ils ont calculé le temps que les Russes mettent à recharger les pièces et ils se reposent de l'œil et du bras. Puis, le délai expiré, ils reprennent position : « Cordon, s'il vous plait ! » s'écrie un loustic ; et à l'instant la portière s'ouvre, et si un bras, une tête se laisse entrevoir dans l'embrasure, c'est une tête brisée ou un bras cassé.

## LES INSÉPARABLES.

Les zouaves se distinguent, on le sait, par une manie assez singulière et qui d'habitude est le faible de gens plus pacifiques, du rentier fidèle au loto, ils ont l'amour des animaux. Celui-ci possède un chien, celui-là un chat, mais les chats dominent. Ces animaux domestiques, ménagerie ambulante, passent leur vie sur le havresac des zouaves, qui montent la garde avec leurs chats, manœuvrent avec leurs chats et combattent idem. Familiarisés avec les soubresauts de leur maison sans cesse vacillante, ces chats intrépides et dignes de leurs maîtres exécutent aussi tranquillement leur *ron-ron* au milieu des décharges de la mousqueterie que s'ils étaient couchés sur un tapis, devant le foyer brûlant du salon. L'intimité qui existe entre les zouaves

et ces animaux est un grand sujet d'étonne-
ment pour les prisonniers russes. La pre-
mière pensée qui leur vient en voyant ces
chats couchés sur les havresacs, c'est que
les zouaves veulent se ménager des vivres
frais et manger un jour ou l'autre leurs
amis en gibelotte. Les barbares! je parle
des Russes. Plaignons les chats infortunés
qui, par les hasards de la guerre, tombe-
raient entre leurs mains. Quelle aubaine
pour la cuisine des Cosaques qui ne man-
queront pas cette belle occasion de faire,
gratis, un excellent repas et de se venger des
zouaves sur la personne de leurs amis!
Sans compter les manchons que ces messieurs
pourront envoyer à leurs épouses en guise
de trophées!

Un détail encore. Dans l'argot militaire
on appelle les zouaves *les chacals* (souvenir
d'Afrique) et les chasseurs *les vitriers.* Est-ce
parce qu'ils taillent force besogne à ceux-ci?

2

— Nos soldats, si braves, n'en sont pa
moins *bons enfants*, comme on dit. Le cana
de pierre qui alimentait Sébastopol fut coup
dès les premiers jours du siége. Un certai
nombre de femmes et d'enfants sortiren
alors de la ville pour aller puiser de l'eau
la source voisine, et nos soldats les aidèren
les premiers à remplir leurs cruches et leur
gourdes.

— Citons en passant un trait qui prouv
que les Russes, eux aussi, ne sont pa
étrangers aux nobles sentiments.

M. le capitaine du Val de Dampierre, offi
cier d'ordonnance du général Bosquet, tom
bé, dans une embuscade, au pouvoir d
l'ennemi, fut conduit, sur sa demande
auprès d'un officier général russe. Il pri
celui-ci de vouloir bien faire dire aux avant
postes français qu'il était prisonnier, mai
sans blessure, afin de rassurer ses amis.

L'officier général russe, avec une court
toisie que nous aimons à proclamer parc

qu'elle honore un ennemi, répondit à M.
de Dampierre qu'il avait pleine confiance
dans la loyauté des officiers français et qu'il
lui laissait volontiers la liberté d'aller lui-
même donner de ses nouvelles à ses amis,
sous la condition qu'il reviendrait immédia-
tement. M. de Dampierre accepta avec reconnaissance, il alla serrer la main à ses
amis, et revint tout aussitôt dans les lignes
des avant-postes russes dégager sa parole.
Nous ne louerons pas la loyauté du brave
capitaine; l'honneur en faisait un devoir,
comme la confiance témoignée par un géné-
reux ennemi.

— Les Anglais, nous l'avons dit déjà,
nos vaillants alliés, ne veulent pas rester en
arrière. Ils l'ont prouvé à l'Alma, à Balaclava
et mieux encore à la sanglante journée
d'Inkermann, qui fut moins une bataille
qu'un effroyable pêle-mêle, où l'on s'entr'-
égorgeait avec rage, sur un sol détrempé par
la pluie, au milieu d'un brouillard sinistre,

rendu plus dense par la fumée. Malgré
l'énorme infériorité du nombre (à peine un
contre sept), malgré la furie des attaques
russes, les Anglais se maintinrent inébran-
lables plusieurs heures jusqu'à l'arrivée des
zouaves précédant la division Bosquet.

— C'est avec un mélange d'admiration et
d'épouvante qu'on lit, dans les correspon-
dances anglaises surtout, les détails de
cette lutte acharnée. Quelques phrases seulement. « Cette bataille défie toute descrip-
tion ; ce ne fut qu'une série d'actes d'hé-
roïsme terribles, de combats corps à corps,
de ralliements découragés, d'attaques dé-
sespérées, dans des ravins, dans des brous-
sailles, dans des trous cachés aux yeux des
humains, et d'où les vainqueurs ne sortaient
que pour se rejeter dans la mêlée. »

« Le soir, je parcourus le champ de
bataille ; la lune éclairait la vallée, où je
vis étendus des milliers de cadavres. J'en-
tendis avec une netteté terrible les plaintes

des blessés, le râle des agonisants, pendant
qu'armés de la lanterne, les infirmiers et
les chirurgiens faisaient leur besogne. Des
femmes aussi cherchaient leurs maris,
retournaient la face des morts aux clartés de
la lune... De ces morts les uns avaient comme
un sourire sur les lèvres et semblaient dor-
mir ou prier ; les autres, avec leurs mem-
bres mutilés par le fer ou tordus par d'horri-
bles convulsions, les figures injectées de
sang, les yeux tout grands ouverts, semblaient avoir défié l'ennemi jusque dans les
angoisses de l'agonie. »

C'est vraiment une lamentable chose que
la guerre !...

Détournons vite nos regards de ces lugu-
bres scènes pour les reposer sur de plus
consolants tableaux. Au milieu de ces rages
homicides, nous avons toujours à admirer
avec le courage invincible de sublimes

2*

exemples de] générosité, de dévouement, d'humanité, etc.

— Un éclat d'obus alla fracasser la jambe du général anglais Strangways; elle ne tenait plus que par un lambeau de chair. La figure du vieux général resta impassible ; il dit seulement à voix basse et d'un ton calme : « Qui est-ce qui sera assez bon pour m'aider à descendre de cheval ? » — On lui rendit ce service. Porté à l'ambulance, il expira peu après l'opération en murmurant : « Je meurs au moins de la mort d'un soldat. »

— Un sergent du 33ᵉ ou du 30ᵉ anglais était resté seul en avant pendant un instant. Attaqué par cinq Russes, il en tue un d'un coup de feu, un autre avec sa baïonnette, et finit par succomber sous les efforts des autres, percé d'autant de blessures qu'il avait eu d'adversaires à combattre. Cependant il se relève en sentant près de sa tête le sabot d'un cheval. Les Russes avaient

fui au moment où le blessé se dégageait
en chancelant ; il se sent enlevé par un
cavalier et porté à 200 pas en arrière. Lorsqu'il fut en sûreté, l'officier-général français
qui l'avait sauvé retourna au feu. Quoi d'é-
tonnant, après de pareils traits, que les soldats anglais soient enthousiastes des Français !

— Au moment où l'un de nos sous-inten-
dants militaires veillait en personne sur le
champ de bataille, et au milieu de la plus
affreuse mêlée, à l'enlèvement des blessés,
un colonel anglais, ému de cette sollicitude
pour les soldats, se jeta dans ses bras en
s'écriant : « Je ne sais ce que l'avenir nous
réserve, mais je jure que personnellement
je ne tirerai jamais l'épée contre la France. »

— L'officier qui portait le drapeau du 6<sup>e</sup>
(français), s'était jeté en avant pour entraî-
ner les hommes ; une balle l'étend raide
mort. Les Russes se précipitent en foule et
réussissent à s'emparer du drapeau, qui

passe ensuite, de main en main, jusqu'à leurs derniers rangs.

On s'imagine l'effet que produisit cet incident sur les soldats du 6e. Le colonel, M. de Camas, s'élance au milieu des Russes et tombe percé de leurs baïonnettes. Mais des soldats l'ont suivi, et une épouvantable mêlée s'engage autour de lui. «Au drapeau, mes enfants ! » avait crié le brave colonel avant de disparaître. « Au drapeau ! » répétent les officiers et les soldats. Les Russes sont culbutés. Deux officiers, le lieutenant-colonel et un chef debataillon, atteignent le drapeau aux cris de : *Vive l'Empereur !* Ils sont frappés à leur tour et tombent avec l'étendard reconquis.Mais il est relevé par une main française,la main d'un officier qui agite les nobles couleurs aux yeux des soldats.

Ce sont là de ces traits qu'on raconte et qu'on lit le cœur palpitant et dans l'ivresse del 'enthousiasme.

— Une belle mort encore est celle du

général de Lourmel, qui, du moins, eut en
tombant la gloire de toucher les murs de
Sébastopol. Je me trompe, il ne tomba
pas.... Atteint d'une balle dans la poitrine,
par un effort suprême de volonté, il resta
à cheval pour donner des ordres, jusqu'à
ce qu'il eût vu ses soldats en sûreté. Alors
seulement il se laissa conduire chez lui, où
le chirurgien appelé constata l'extrême gra-
vité de la blessure. La balle avait traversé le
poumon ; cependant tout espoir n'était point
perdu. On mit les appareils ; mais le général, en garde contre les illusions, s'empressa
de faire demander un prêtre. « Il faut être
prévoyant, » dit-il. L'aumônier de la division accourut et reçut la confession du général. Le lendemain il expira tranquillement. Ainsi mourait Bayard. C'était dans
l'armée le surnom du brave de Lourmel.

— A la bataille d'Inkermann, le général
en chef Canrobert fut comme toujours partout au poste du danger. On aime la mâle

grandeur de ce caractère chevaleresque.
C'est bien, mais sur une plus illustre scène,
le guerrier que nous promettait la Zaatcha ;
il est vrai que ce sont aussi les mêmes
soldats. — Qui veut monter le premier avec
moi à la brèche ? disait à son régiment de
zouaves le colonel Canrobert, une heure
avant l'assaut de Zaatcha. Et le régiment
tout entier se portait en avant. Le sort dut
désigner trente hommes parmi ces intrépides.

Les Anglais, dit-on, dans leur enthousiasme, ont voulu porter en triomphe le général Bosquet, dont le nom rayonne aussi
d'une brillante auréole.

— Maintenant admirons, comme toujours, la conduite de nos soldats envers
les blessés ennemis.

« .... Pendant que nous retournions au
camp, nous rencontrâmes deux zouaves
qui venaient de ramasser parmi les morts
un jeune officier russe, un enfant âgé de

quinze ou seize ans au plus. Frappé à la
tête d'un coup de baïonnette, il était tombé ;
ses gémissements avaient attiré les deux
soldats qui le transportaient à l'ambulance.
L'adolescent avait les bras passés autour du
cou de ses deux ennemis. Je soutins sa tête
vacillante d'où le sang coulait sur ses habits.
Il était très-pâle, mais cette pâleur tou-
chante donnait une grâce nouvelle à sa char-
mante figure. Pauvregarçon ! il murmurait
quelques mots que nous ne comprenions
pas, mais son regard y suppléait. Sa blessure heureusement n'est pas mortelle ; je
l'ai revu le lendemain, et le chirurgien
assure qu'il sera guéri avant quinze jours. »

— .... « J'ai vu un voltigeur qui rap-
portait sur ses épaules un Russe à qui il
avait logé une balle dans la cuisse ; j'ai vu
aussi un chasseur d'Afrique déchirer sa
chemise et bander le bras d'un officier ennemi percé d'un coup de baïonnette. Braves
gens ! »

Ces traits attendrissants nous ont rappelé quelques vers d'un petit livre, *le Soldat* (1) publié par nous naguère, et dans lequel nous avions essayé de résumer la poésie de la vie militaire, poésie qui pâlit aujourd'hui devant la réalité. On nous pardonnera de nous citer :

J'aime à le voir le soir de la bataille
Ne s'occuper que des pauvres mourants.
Il les console en pansant leurs blessures.

. . . . . . . . . . . . . .

L'infortuné qui dans ses bras expire
Semble douter s'il n'est pas Gabriel,
Lui souriant de son plus doux sourire,
Et venu là pour le conduire au ciel.

(*Le bon Soldat.*)

— Mais le cœur de nos soldats se montre tout entier dans la lettre suivante, empruntée au *Courrier de la Drôme*, et qu'on n'achèvera pas sans avoir les yeux

(1) 1 vol. in-32, 2e édition, prix : 50 centimes, chez Bray.

humides. Heureuse la mère qui l'a reçue !
heureux le fils qui sut l'écrire !

« Les chances de la guerre viennent de
doter mon bataillon d'un fils adoptif auquel
nous destinons pour héritage notre part
de butin dans le sac de Sébastopol. C'est
toute une histoire, chère mère, à te ra-
conter, sachant que tu la préféreras à la
relation d'une scène de carnage.

« Dernièrement, entrés par hasard dans
une chaumière tartare à laquelle les Cosaques venaient de mettre le feu, nous reti-
râmes d'une chambre remplie de fumée un
berceau où pleurait un petit enfant.

« Nous eûmes pitié de la pauvre créature,
et le trouvant d'ailleurs beau, bien fait, nous
le portâmes dans le camp. Là, ayant souri
à nos grenadiers accourus pour le consi-
dérer, on oublia entièrement sa nation. Il
paraissait âgé de 16 à 18 mois, portait au
cou une croix grecque en or, avec des habits
magnifiques, ce qui fait supposer qu'il est

le fils d'un grand seigneur. En attendant
que l'on puisse retrouver sa famille, nos
grenadiers l'ont adopté comme leur enfant.
C'est un curieux spectacle de voir ces grosses
moustaches, toutes noircies de poudre,
prendre, au retour de la tranchée, le poupon
entre leurs bras et le faire danser sur leurs
genoux.

« Un caporal écloppé par un obus lui
apprend à marcher; un soldat manchot depuis l'affaire de l'Alma, mais servant encore
son pays en faisant la soupe, le fait manger.
Des sœurs de charité le lèvent et le couchent.
Pendant la nuit, on porte son berceau dans
une tente; pleure-t-il ? nous le berçons ;
dort-il ? nous reposons plus tranquilles quand
nous savons qu'il sommeille.

« Quand le grondement du canon de la
place redouble et couvre la campagne de plus
de boulets qu'il n'y a de cailloux sur le
Coiron, il fait la moue. On dirait à l'anima-

tion de ses yeux, quand nous allons aux travaux, qu'il désirerait nous suivre.

« Réellement, si nous avions cet enfant près de nous à la tranchée, dont le roc vif et dur nous coûte beaucoup de peine, nous travaillerions mieux ; mais ce serait trop exposer ce petit, car, dans les travaux, il passe souvent près de nous une multitude de mouches dont la piqûre n'est pas trop rassurante.

« Tel est le caractère du grenadier français sur le champ de bataille : il croise la baïonnette contre l'ennemi ; hors de là, il est rempli des plus tendres sentiments d'humanité. J'ai vu des hommes, auxquels le sifflement des balles dans le cimier de leur shako n'avait pas plus fait froncer le sourcil qu'à des statues, s'attendrir aux cris de cet enfant et voler auprès de lui pour lui prodiguer toute espèce de soins.

« Cela, chère mère, nous a porté bonheur. Aucun soldat de la compagnie, malgré quelques larges blessures, n'a été atteint mortellement, et cependant j'étais bien près d'une poudrière qui éclata. Je t'écris pour te rassurer et te dire que je me porte bien. Si au retour de la campagne je pouvais t'embrasser sous-lieutenant ! »

Cette ravissante anecdote clôra nos récits, car, hélas ! il faut bien s'arrêter et quitter nos braves, malgré notre désir d'entrer avec eux à Sébastopol. Nous les y retrouverons... ces intrépides pour lesquels nous ne saurions être trop reconnaissants ; ces héros qui, là-bas, sous de frêles abris, luttent contre le froid, contre la fatigue, les privations, la maladie ; qui, là-bas, combattent et meurent pour l'honneur du drapeau et la gloire de la patrie. Tandis qu'ils se dévouent pour la cause commune, nous, citadins paisibles, nous continuons, dans le calme, notre vie de labeurs faciles, ou nous savourons les nonchalances du repos ; et peut être, épanouis dans la tiède atmosphère

du salon, assis dans un bon fauteuil, les
pieds sur des tapis, devant la flamme étince-
lante du foyer, nous discutons vaillamment
les plans de nos généraux et gourmandons
leurs lenteurs. Silence , imprudents! dans
ces circonstances solennelles , devrait-il y
avoir place encore pour les présomptueuses
témérités de la langue! Non, tous les cœurs
dans lesquels brûle la flamme pure du pa-
triotisme, et la flamme plus sainte de la
foi, doivent s'unir dans un même et unique
sentiment, celui d'une admiration respec-
tueuse autant qu'ardente, d'une immense
gratitude pour les invincibles champions de
la civilisation. Et, dans ce sentiment, il est
juste de faire sa large part au gouvernement
qui témoigne d'une inébranlable fermeté
pendant la guerre, après avoir attesté hau-
tement, par sa modération, de ses sympa-
thies pour la paix. A Dieu seul sans doute
appartient le secret de l'avenir, mais pour-
tant on peut ouvrir son cœur à la con-

fiance, l'ouvrir aux vastes espérances. Pour nous, chrétiens et Français, c'est déjà une joie suprême de voir que la France, à l'ombre de ses aigles victorieuses auxquelles se marie glorieusement la croix, a repris sa place à l'avant-garde des nations, et que, de nouveau l'admiration de l'Europe et du monde, elle est remontée, par le dévouement de ses fils, à ce haut rang d'où le malheur des temps l'avait fait déchoir.

M. Bathild Bouniol.

## ORDRE DU JOUR.

« Soldats, disait le maréchal St-Arnaud, la France et l'Empereur seront contents de vous. Vous avez prouvé que vous étiez les dignes fils des vainqueurs d'Eylau et de la Moskowa. Vous avez rivalisé de courage avec vos alliés les Anglais, » ajoutait-il avec justice.

Le 38e régiment (anglais) est allé au feu fort de 616 hommes et 40 sergents, il y a laissé 232 hommes et 30 sergents. Le colonel Blake n'a pas mis pied à terre une seule fois pendant la bataille. Quoique blessé au poignet, il est resté constamment près du drapeau, et il a vu tomber successivement trois officiers qui le portaient.

## LORD RAGLAN.

Un obus éclate aux pieds de lord Raglan, tue et blesse plusieurs hommes. Le général anglais reste impassible, et sans doute le maréchal Saint-Arnaud faisait allusion à cette circonstance lorsqu'il disait dans son rapport : « Lord Raglan est d'une bravoure antique ; au milieu des balles et des boulets, c'est toujours le même calme. »

## DEUX MÈRES.

Voici un trait de charité que les mères surtout ne liront pas sans avoir une larme sous la paupière. La personne qu'il honore est une grande dame, une patricienne, fille du général Filangieri, prince de Satriano et mariée au duc de B***.

On se souvient de l'indicible effroi qui, l'an passé, s'empara du peuple napolitain, lors de l'invasion du choléra. De nobles exemples venus de haut calmèrent un peu ces frayeurs, et les fronts abattus se relevèrent pour se tourner vers le ciel. La charité d'ailleurs vint s'asseoir, là comme partout, au chevet des malades et des mourants.

Dans l'hôtel de la duchesse de B*** habitait une jeune dame dont le mari fut enlevé par le fléau deux jours avant la naissance d'un enfant, orphelin avant de naitre.

Cette mort jeta l'alarme, et il fut impossible de trouver une nourrice qui consentit à se charger du pauvre petit, la mère, sans doute après la catastrophe, n'ayant point de lait à lui donner. La duchesse, qui allaitait son propre enfant, apprend l'embarras de la malheureuse veuve ; tout émue, aussitôt elle descend près d'elle, et, prenant le nouveau-né auquel elle présente le sein, elle dit à la mère avec l'accent de la compassion : « N'ayez plus d'inquiétude pour votre enfant, pauvre dame, je le nourrirai avec le mien. Dieu me donnera du lait pour deux. »

Un sourire, le divin sourire de la reconnaissance, glissa sur les lèvres décolorées de l'infortunée ; il y eut comme un éclair de bonheur en son regard noyé dans les larmes ; elle étendit la main pour serrer celle de la duchesse en murmurant : « Dieu.. Dieu... vous récompense !.. »

A la suave expression qui brillait sur le

visage de la duchesse, on pouvait juger de ce qui se passait dans son cœur et que déjà sa bonne action trouvait sa récompense.

S'il est vrai, comme de plus savants que nous l'affirment, (mères, songez-y !) s'il est vrai que la nourrice transmet à l'enfant, avec le lait, quelque chose de son tempérament physique et moral, quelque chose de ses qualités bonnes et mauvaises, heureux le nourrisson de madame la duchesse de B***. Il sera riche par le cœur.

Cambrai.—Imp. de SIMON, rue St-Martin, 18.

SIMON, Imp...

rue Saint-...

www.ingramcontent.com/pod-product-compliance
Lightning Source LLC
Chambersburg PA
CBHW060806280326
41934CB00010B/2574